CATALOGUE

DE

MEUBLES

LOUIS XVI

Joli Secrétaire en marqueterie; Petites Commodes;
Consoles et Glaces sculptées;

PENDULES DE MÊME ÉPOQUE

Porcelaines montées; Argenterie; Meubles meublants;
Dépendant de la Succession de M. L. de St. P...

ET DES

BRONZES D'AMEUBLEMENT

Cartel et Pendules Louis XVI;
Pendules religieuses, Bas-relief de Clodion;

PORCELAINES; FAIENCES; CURIOSITÉS; MEUBLES;
PORPHYRES-GRANITS; TAPISSERIES

Appartenant à divers.

DONT LA VENTE AURA LIEU

HOTEL DROUOT, SALLE N° 2,

Le Samedi 28 Mars 1885.

à deux heures.

COMMISSAIRES-PRISEURS

Mᵉ PAUL COUTURIER	Mᵉ PAUL CHEVALLIER
9, boulevard des Italiens, 9.	10, rue de la Grange-Batelière, 10

EXPERT

M. CHARLES MANNHEIM, 7, rue Saint-Georges.

Chez lesquels se trouve le présent Catalogue.

EXPOSITION PUBLIQUE, le Vendredi 27 Mars 1885,
De une heure à cinq heures.

CONDITIONS DE LA VENTE

La vente sera faite au comptant.

Les acquéreurs payeront cinq pour cent en sus des enchères applicables aux frais.

L'exposition mettant le public à même de se rendre compte de l'état des objets, il ne sera admis aucune réclamation une fois l'adjudication prononcée.

Paris. — Typ. Pillet et Dumoulin, 5, rue des Grands-Augustins.

28 Mars 1885.

Vente du Samedi 28 Mars 1885

HOTEL DROUOT, SALLE N° 2

Après décès de M. L. de St. P...

MEUBLES ET BRONZES

DU TEMPS DE LOUIS XVI

PORCELAINES — FAIENCES — ARGENTERIE

PORPHYRES-GRANITS

TAPISSERIES. — MOBILIER

EXPOSITION PUBLIQUE

LE VENDREDI 27 MARS 1885

De une heure à cinq heures.

COMMISSAIRES-PRISEURS

Me PAUL COUTURIER | Me PAUL CHEVALLIER
9, boulevard des Italiens. | rue Grange-Batelière, 10.

EXPERT

CHARLES MANNHEIM, 7, rue Saint-Georges.

DÉSIGNATION

SUCCESSION DE M. L. DE St.-P...

MEUBLES

1 — Joli secrétaire Louis XVI en bois rose finement
marqueté à décor de trophés d'instruments de mu-
sique, de vases à bouquets, de guirlandes et festons
de fleurs. Tablette en marbre brèche d'Alep.

2 — Petite commode du temps de Louis XVI, à deux
tiroirs, en bois de placage variés de nuances et
marquetés, garnie de moulures, sabots et chutes à
mufles de lion en bronze ciselé et doré. Signée
N. Petit. Dessus de marbre brèche d'Alep.

3 — Jolie table de nuit Louis XV plaquée de palissandre et bois rose, et décorée sur trois faces de

vases à bouquets de fleurs en marqueterie. Signé *J.-C. Ellaume.* Tablette en marbre brèche d'Alep.

4 — Petit bureau à dos d'âne sur pieds contournés en bois rose, palissandre et marqueterie à fleurs et quadrillés.

5 — Glace d'entre-deux à cadre Louis XVI en bois sculpté et doré, surmontée d'un couronnement à médaillon et festons de fleurs.

6 — Meuble Louis XIII à deux corps et à fronton en bois de noyer sculpté, à rosaces, mascarons et feuillages.

7 — Console Louis XVI en bois sculpté et doré, à bandeau découpé à jour et pieds cannelés reliés par des guirlandes de fleurs. Tablette en marbre blanc.

8 — Autre console, forme demi-lune, sur deux pieds reliés par une traverse à vase et guirlandes. Dessus en marbre blanc.

9 — Glace Louis XVI, cadre sculpté et doré à feuilles de lierre et couronné par un vase enguirlandé.

10 — Autre glace de même modèle, mais plus étroite.

11 — Deux meubles d'entre-deux en ébène, à porte
pleine, décorés de rinceaux et d'ornements en
bronze doré. Sur chacune des portes est un médaillon ovale à groupe d'enfants : la Terre et
l'Eau.

12 — Bureau plat en bois noir garni de cuivres.

13 — Table de milieu en bois noir garni de cuivres.

14 — Table à jeu en bois noir incrusté de filets de
cuivre.

15 — Jeu de tric-trac ébène et ivoire.

16 — Canapé et deux fauteuils en bois noir garnis en
cuir rouge.

17 — Fauteuil bergère, bois noir recouvert en cuir
rouge.

18 — Une chaise fumeuse.

19 — Chaise en bois noir sculpté, recouverte en satin
rouge broché.

20 — Chauffeuse bois noir, rechampi or, et garnie en
peluche chiffrée.

21 — Écran en acajou à feuille en velours peint, à
médaillon représentant la fable : le Corbeau et le
Renard.

22 — Six chaises de salle à manger en noyer à filets noirs garnies en cuir rouge.

23 — Lit en damas rouge capitonné, rideaux en même étoffe.

24 — Mobilier courant : chaises volantes, toilette et commode en sapin, table de salle à manger, tapis, rideaux, batterie de cuisine.

BRONZES D'AMEUBLEMENT

25 — Pendule du temps de Louis XVI en bronze ciselé et doré; le cadran, surmonté d'une figurine d'amour, est supporté par deux chiens couchés sur socle à lambrequin.

26 — Deux cassolettes de même style en marbre blanc montées sur un trépied en bronze ciselé et doré, à têtes de satyres, reposant sur un socle triangulaire en marbre blanc.

27 — Deux autres semblables.

28 — Pendule Louis XVI en marbre blanc et marbre noir garnie de bronzes ciselés et dorés; le cadran entre deux petits obélisques est supporté par un portique à colonnes.

29 — Pendule Louis XVI à colonnes, en marbre
blanc et marbre noir, garnie d'ornements en bronze
ciselé et doré avec un socle orné d'une frise représentant des jeux d'enfants.

30 — Deux vases à couvercles de forme ovoïde en
verre gros bleu, supportés par des trépieds à têtes
de béliers et guirlandes en bronze ciselé et doré,
reposant sur socles triangulaires en marbre blanc.

31 — Petit lustre de style Louis XVI garni de gerbes
en pièce d'enfilage et de boules en verre.

32 — Deux chenets anciens en bronze gravé, à mascarons et surmontés chacun de trois vases ovoïdes,
fleurdelisés.

33 — Groupe en bronze de Buhot : Enfants moisson-
neurs.

PORCELAINE

34 — Vase couvert et à deux anses têtes de chimères
en ancienne porcelaine de Chine à décor de fleurs
et d'ornements en émaux de couleur.

35 — Deux vases à couvercles en porcelaine du Japon
à décor bleu, rouge et or, avec riche monture en

bronze doré ; anses formées de statuettes de Chinois
et pieds à figurines d'enfants.

36 — Deux paires de cornets en porcelaine à décor
bleu, rouge et or, imitation du Japon, monture en
bronze.

ARGENTERIE

37 — Douze couverts ;

Dix-huit cuillères d'entremêt ;
Douze fourchettes   id.
Cinq grandes fourchettes ;
Dix-huit cuillères à café.

TABLEAUX

38 — LENFANT DE METZ. — La promenade dans le
parc.

39 — N. VOLLIER 1865. — Soubrettes portant des cor-
beilles de fleurs.

40 — ÉCOLE MODERNE — Société dans un parc.

LINGE DE MÉNAGE

OBJETS APPARTENANT A DIVERS

MEUBLES ET BRONZES

41 — Meuble d'entre-deux à hauteur d'appui, à deux
portes et deux tiroirs en ébène marqueté de cuivre
et garni de bronzes. Époque Louis XIV.

42 — Bahut style Renaissance à vantaux sculptés, et
encadrés de pilastres cannelés.

43 — Pendule religieuse en marqueterie de cuivre et
d'étain sur écaille, cadran surmontant une applique en cuivre au nom de Daniel Clavier, à
Paris.

44 — Deux consoles d'applique, style Régence, en
noyer sculpté à cariatides et dragons.

45 — Petit cabinet en laque de chine fond noir décoré
de paysages en dorure, à portes et tiroirs.

46 -- Coffre à tiroir en laque et burgau.

47 — Grande glace Louis XVI, encadrement en bois
sculpté et doré, modèle à vases et guirlandes de
de laurier.

47 bis — Glace d'entre-deux Louis XV, bois sculpté et
doré, à rocailles et fleurs.

48 — Une console de style Louis XIV en bois de noyer
sculpté, dessus de marbre vieux ronce.

49 — Beau cartel du temps de Louis XVI en bronze
ciselé et doré à l'or moulu, modèle à cariatides de
femme, vases, draperie et guirlandes de laurier.

50 — Jolie pendule du temps de Louis XVI en bronze
ciselé et doré mat, modèle à cage à pilastres cannelés et couronnement cintré.

51 — Petite pendule Louis XVI à vase et guirlande
de laurier en bronze doré à l'or moulu.

52 — Pendule religieuse en écaille incrustée de cuivre
couronnement à galerie et vases à flamme, époque
Louis XIII.

53 — Console d'applique, marqueterie de cuivre,
garnie de chutes et d'un culot à mascarons en bronze
doré.

54 — Beau bas-relief en bronze, Vénus et l'Amour, de
Clodion, dans un cadre en bronze ciselé et doré.

PORCELAINES — FAIENCES

55 — Vasque à piédouche en ancienne faïence italienne décorée extérieurement et intérieurement d'arabesques polychromes.

56 — Plaque ronde en faïence d'Urbino à décor de cariatides, satyres et ornements en bleu et jaune.

57 — Plat octogone en Chine, famille rose, à fleurs et marli à lambrequin mosaïqué.

58 — Plat creux en terre émaillée à rosaces et ornements rayonnants.

59 — Plat en faïence de Perse, décor polychrome à gerbes de fleurs.

60 — Deux plaques, l'une ovale, l'autre carrée en faïence de Delft, décorée en bleu.

61 — Deux cornets en faïence italienne à blason.

62 — Un autre à rinceaux et fleurs sur fond bleu.

63 — Plaque en faïence de Castelli, représentant l'Assomption de la Vierge.

64 — Une tasse en faïence décorée de fleurettes roses avec anse formée de branchages et un dessus de jardinière en Moustiers.

65 — Cinquante assiettes d'ancienne porcelaine du Japon, de décors variés, en bleu.

66 — Quatre bols de Chine et deux tasses, décorés de fleurs.

67 — Plat en craquelé et deux assiettes Sèvres et Tournay.

68 — Une tasse, un flacon décoré et un vase céladon turquoise.

69 — Deux figurines grotesques, porcelaine d'Allemagne.

70 — Vase en porcelaine tendre à médaillon de fleurs et de fruits, fond gros bleu ; monture en bronze.

71 — Trois singes porcelaine moderne.

72 — Une théière Chine, montée argent.

73 — Groupe de cinq figurines en porcelaine d'Allemagne.

74 — Deux coupes céladon vert d'eau gaufré, avec monture rocaille en bronze doré.

75 — Deux flambeaux à trois lumières, formés de vases en porcelaine décorée d'oiseaux et de filets bleus.

76 — Socle à pans coupés et ornements ajourés en vieux chine, à décor bleu.

OBJETS VARIÉS

77 — Un tableau de l'école de *Mignard,* portrait de femme tenant une fleur.

78 — Deux christs en ivoire sculpté.

79 — Deux appliques de mur formées de branchages en tôle peinte en vert et ornées de fleurs en Saxe.

80 — Boîte à ouvrage en laque noir à décor d'oiseaux et de fleurs.

81 — Coffret à flacons en bois de violette.

82 — Encrier en marbre décoré de camées-portraits.

83 — Deux statuettes en bronze de Pradier, la Pêche et la Chasse.

84 — Tasses et soucoupes en laque à fleurs dorées sur
fond noir.

85 — Un trépied en fer.

86 — Brazero en cuivre à couvercle godronné.

87 — Jardinière en cuivre rouge sur trois pieds boules.

88 — Un lot d'ornements de meubles en cuivre.

89 — Un lot socles bois de fer et divers objets.

90 — Un lot de cristaux de lustres.

91 — Un éventail ancien.

92 — Colonnette en marbre, surmontée d'une figurine en bronze.

93 — Coupe ronde avec piédouche, en porphyre
rouge oriental.

Diam. 32 cent.; haut. 28 cent.

94 — Deux vases en granit rose oriental; monture en
bronze doré, anses à têtes de boucs. Style Louis XVI.

Haut. 58 cent.

95 — Deux vases en granit rose oriental à godrons contournés.

Haut. 60 cent.

96 — Deux dessus de consoles en ancienne mosaïque de Florence, fond lapis-lazuli, à médaillons, paysages, personnages, fleurs, fruits, insectes et cornes d'abondance.

97 — Buste d'homme revêtu d'une cuirasse; xviie siècle.

98 — Deux colonnes en granit oriental, bases en granit vert des Vosges.

99 — Une colonne en marbre brèche d'Afrique sur base en marbre blanc.

100 — Deux colonnes en granit gris oriental avec embases en granit vert des Vosges.

101 — Deux groupes de trois figures en ivoire : la *Présentation au peuple*, la *Flagellation*, xviie siècle.

102 — Dix camées anciens : têtes variées

103 — Une coupe oblongue en cristal de roche, ornée de sculptures.

TAPISSERIES

104 — Deux fragments d'ancienne tapisserie, groupes d'amours.

105 — Un autre, verdure.

106-108 — Trois grandes et belles tapisseries, verdure, avec vues de châteaux, oiseaux, etc. Encadrements de fleurs et d'ornements.

Haut. 3 m.; larg. 4 m. et 3 m. 5o.